EXPOSITION UNIVERSELLE

1900

GUIDE

Offert par les Grands Magasins

de la

VILLE S: DENIS

Faubourg St-Denis et Rue de Paradis

PARIS

GRANDS MAGASINS

DE LA

VILLE DE S^T-DENIS

NOUVEAUTÉS

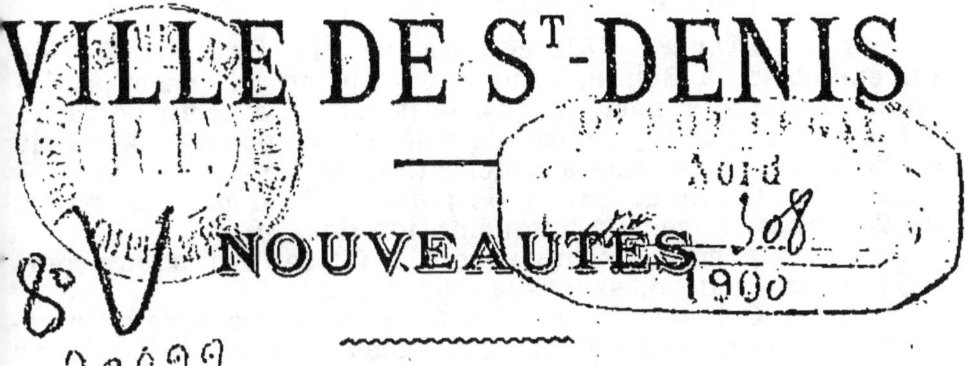

DATES DES EXPOSITIONS

1er lundi de février.	Blanc, Toiles, Trousseaux.
1er — de mars.	Gants, Dentelles.
1er — d'avril.	Nouveautés d'été.
1er — de mai.	Toilettes d'Eté.
1er — de juillet.	Soldes de fin de saison.
1er — de septembre.	Blanc, Toiles, Trousseaux.
1er — d'octobre.	Nouveautés d'hiver.
1er — de novembre.	Robes et Manteaux
1er — de décembre.	Jouets et Articles pour étrennes.

Visiter les vitrines des Grands Magasins de la Ville de Saint-Denis. (*Classes 85 et 86*).

RENSEIGNEMENTS CONCERNANT LES EXPÉDITIONS

Nous expédions :

Pour la France, l'Alsace-Lorraine, le Grand-Duché de Luxembourg, la Suisse, l'Angleterre (jusqu'à Londres seulement), franco de port, jusqu'à destination, à partir de 25 fr.

Pour la Hollande, franco de port et de douane, à partir de 25 francs, avec une augmentation de 5 %.

Pour la Belgique, franco de port et de douane, à partir de 25 francs, avec une augmentation de 7 %.

Pour l'Algérie, la Tunisie et la Corse, franco de port jusqu'à destination, sans augmentation.

Pour les Colonies françaises, pour différents pays d'Outre-mer, aux conditions à forfait indiquées dans notre catalogue général, et pour tous les autres pays, franco de port jusqu'à la frontière française ou au port d'embarquement, à partir de 25 francs.

Les meubles, articles de literie, de ménage et tous les objets de poids ou de dimensions exceptionnels, sont expédiés par petite vitesse ; le port et l'emballage sont toujours aux frais de nos clients.

MODE DE PAIEMENT

Tous les envois sont faits contre remboursement et grevés de 0.90 d'impôts, lorsque nous ne sommes pas couverts à l'avance de la valeur des marchandises qui nous sont demandées, dans toute la France continentale, l'Algérie, la Tunisie, la Corse, l'Alsace-Lorraine, le Grand-Duché de Luxembourg, la Hollande, la Belgique, la Suisse, l'Angleterre, la Turquie, l'Egypte et la Grèce.

Les clients résidant dans les Colonies françaises autres que l'Algérie, la Tunisie ou la Corse, ou dans tous autres pays étrangers que ceux ci-dessus indiqués, sont priés de joindre à leurs commandes la valeur des marchandises choisies, en mandats-poste, billets de banque ou valeurs à vue sur Paris.

Nous rappelons à notre clientèle que nous n'acceptons pas en paiement les timbres coloniaux ou étrangers.

ENVOIS A CONDITION

Nous pouvons envoyer à choisir, en France seulement, à nos clients ou aux personnes qui veulent bien nous donner leurs références, les articles de nos catalogues non susceptibles de se défraîchir dans le double trajet d'aller et de retour.

Les frais des envois à condition sont à notre charge pour l'aller et à celle des clients pour le retour.

RETOURS DE MARCHANDISES

Nous n'acceptons les retours de marchandises que précédés d'une lettre d'avis, et n'étant grevés d'aucun remboursement.

La valeur des articles renvoyés est adressée immédiatement à moins que l'on ne désire en faire l'échange.

Les articles qui ont été portés, ceux confectionnés exactement sur les mesures données, ainsi que les ameublements faits sur commandes, ne sont pas repris.

Les caisses d'emballage en retour ne sont remboursées, ainsi que les frais de port, que si le retour a été motivé par une erreur de notre part.

OBSERVATIONS

Toutes les lettres doivent être adressées à Messieurs les Directeurs des Grands Magasins de la Ville de St-Denis, 95, rue du faubourg St-Denis, Paris. Nous prions notre clientèle de vouloir indiquer très lisiblement les adresses, ainsi que la gare où nous devons expédier les commandes.

Nous engageons vivement notre clientèle à nous signaler toutes les irrégularités dont elle aurait à se plaindre et nous ferons toujours le nécessaire pour lui donner entière satisfaction.

Pour tous autres renseignements concernant les expéditions, prière de consulter notre Catalogue général.

Visiter les vitrines des Grands Magasins de la Ville de Saint-Denis. (*Classes 85 et 86*).

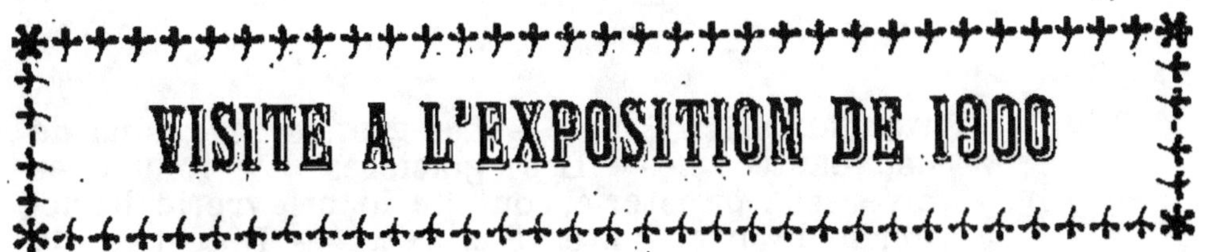

VISITE A L'EXPOSITION DE 1900

L'Exposition universelle a 55 portes dont quatre entrées principales, conduisant a de larges voies qui en facilitent l'accès. La porte monumentale (n° 1), a 20 guichets qui permettent le passage de 18 personnes par minute, soit environ 20.000 personnes à l'heure. Le soir, cette porte est brillamment illuminée.

Voici la nomenclature des portes et les parties de l'Exposition où elles conduisent :

Numéros

1. — **Place de la Concorde**. — Remise pour bicyclettes. — Section d'agriculture, horticulture et arboriculture. — Serres de la Ville de Paris. — Instruments de culture. — Arbres fruitiers. — Arbustes.

2. — **Avenue des Champs-Elysées**. — Petit Palais. — Installation de l'art rétrospectif français.

2 bis.— **Avenue des Champs-Elysées**. — Le grand Palais — Installation des beaux-arts français et étrangers. — Peinture. — Sculpture.

3. — **Avenue d'Antin** (côté de la rue François Ier). — Grand Palais. — Beaux-arts. — Musique (instruments). — Horticulture. — Arboriculture.

3 bis.— **Avenue d'Antin** (côté de la rue François Ier). — Musique. — Agriculture, horticulture, (matériel et plantes). — Plantes d'ornement et de serre.

4. — **Cours-la-Reine** (angle de l'avenue d'Antin). — — Horticulture. — (Matériel et plantes). — Arboriculture. — Plantes variées.

5. — **Quai d'Orsay**. — (Gare des Invalides). L'art de la rue et, sur les quais, l'horticulture et l'arboriculture. — Les manufactures nationales.

6. — **Gare des Invalides**. — Les arts décoratifs et articles s'y référant. — Papiers peints. — Vitraux.

Numéros

7. — **Rue Constantine**. — Les grands magasins de nouveautés. — Les glacières et industries diverses : papeterie, coutellerie, orfèvrerie, horlogerie, bronze, fonte, etc., etc. — Industrie du caoutchouc et de la gutta-percha. — Toilette, campement et bimbelotterie.

7 bis. — **Rue Constantine.** — Divertissements locaux. — Habitations bretonnes. — Récréations diverses.

7 ter. — **Rue Constantine.** — Constructions provençales : maisons d'Arles. — Réjouissances locales.

8. — **Rue de Grenelle** (face aux Inv.). — Meubles et décorations d'appartement — Céramique.

8 bis. — **Angle des rues de Grenelle et de Constantine.** — Expositions spéciales d'Arles et du Poitou.

9. — **Rue Fabert.** — Verreries. — Mosaïques. — Céramiques. — Manufactures nationales.

9 bis. — **Rue de Grenelle.** — Ameublement. — Arts décoratifs (section étrangère).

10. — **Quai d'Orsay.** — Art de la rue. — Cultures diverses.

11, 12. — **Quai d'Orsay** (rue des Nations). — Pavillons des puissances étrangères.

13. — **Quai d'Orsay.** — Mexique. — Pavillon de la Presse. — Bureau des Postes, Télégraphes et Téléphones. — Appareils de chauffage.

14. — **Quai d'Orsay.** — Expositions des armées de terre et de mer françaises et étrangères.

15. — **Quai d'Orsay.** Le Club Alpin. — Le Chalet suisse. — Les Manufactures de l'État. — La Tour Eiffel.

16. — **Avenue de La Bourdonnais.** — Les ardoisières d'Angers.

17. — **Avenue de La Bourdonnais.** — Filteries. — Habillements et étoffes. Section française. — Électricité. — Château-d'Eau.

17 bis. — **Avenue de La Bourdonnais.** — Construction mécanique. — Chaudières. — Usine de La Bourdonnais. — Salon d'Honneur.

18. — **Avenue de La Bourdonnais.** — Alimentation — Brasseries, germeries.

Numéros

42. — **Place de l'Alma.** — Palais du Congrès. — Musée d'économie sociale. — Aquarium. — Serres de la ville de Paris.

43. — **Cours-la-Reine.** — Ville de Paris. — Agriculture. — Horticult. — Arboricult. et instruments.

RIVE DROITE

Le pont Alexandre III se trouve à quelques cents mètres. C'est un ouvrage admirable. Il est en acier et les grands sculpteurs de notre époque ont contribué, par leur art, à son ornementation.

Sur la rive droite de la Seine, on remarque d'abord le palais de la ville de Paris, puis la rue du vieux Paris, œuvre de M. Cravigny ; puis le palais de l'horticulture, l'aquarium monumental, le palais du Congrès.

C'est entre le pont de l'Alma et celui des Invalides que se donnent de féeriques spectacles nautiques, des régates, des fêtes vénitiennes, etc., etc.

Sur la berge s'élèvent les locaux des chambres de commerce maritime, de la navigation de plaisance et le yachting avec leurs pavillons variés.

RIVE GAUCHE

Traverser la Seine par le pont d'Iéna. Visiter d'abord, en aval du fleuve, le palais des Forêts, des Chasses, de la Pêche. Ensuite, les installations de la navigation marchande, une reproduction des usines du Creusot, l'immense palais des armées de terre et de mer, en façade sur le quai ; à la suite, le pavillon de la presse contigu aux bureaux du commissariat général.

Au bord du fleuve, les pavillons des puissances étrangères. C'est, dans l'ordre où ils se succèdent, le Mexique, la Russie, l'Angleterre, l'Allemagne, l'Autriche et la Hongrie, l'Espagne, la Bulgarie, les Etats-Unis, l'Australie, l'Italie, le Japon, le Luxembourg, la Norvège, le Brésil, le Paraguay, le Pérou, la Perse, le Portugal, la Roumanie, la Suisse, la Serbie, la Suède, le Siam, la Turquie.

ESPLANADE DES INVALIDES

Remarquer à droite et à gauche, les palais de la céramique et du verre, le palais des mobiliers, des industries diverses et celui des manufactures nationales.

LE CHAMP-DE-MARS

Se rendre ensuite au Champ-de-Mars, centre de l'Exposition. A droite, le palais du génie civil et des moyens de transport fait vis-à-vis au palais des fils, tissus et vêtements. Puis le palais des usines et de la métallurgie, et en face, le palais de l'éducation, de l'enseignement et des instruments et produits des lettres, sciences et arts.

Au fond du jardin créé au milieu du vaste rectangle, s'élève le château d'eau auquel se superpose le palais de l'électricité qui sera tout simplement admirable.

La salle des fêtes s'ouvre au centre même de la galerie des machines.

TROCADÉRO

Le parc du Trocadéro a été réservé à peu près en entier aux colonies : à gauche, en faisant face aux colonnades, les colonies françaises, l'Algérie, la Tunisie, la Nouvelle-Calédonie, Madagascar, Indo-Chine, Tonkin, Cambodge et Annam ; à droite, les colonies anglaises, Indes, Australie, le Cap, l'Afrique orientale et occidentale. L'Allemagne, le Portugal et la Hollande, sont aussi représentés.

CHAMPS-ÉLYSÉES

Le grand palais est destiné à contenir l'exposition des œuvres centennales des peintures, cartons, dessins, gravures, bibliographies, etc.

Le petit palais est consacré exclusivement à l'art national depuis ses origines jusqu'en 1900. Bois, ivoire, bronze, émail, pierre et métaux précieux, mosaïque, verre, tissus, reliure et enluminure.

Le mode de transport le plus puissant — il coûte 0.50 centimes — c'est le trottoir circulaire à plates-formes mobiles qui relie le Champ-de-Mars aux Invalides. Il est à voie unique. Un second moyen de transport, le chemin de fer électrique, fait le même parcours en sens inverse, il ne coûte que 0.25

ANNEXE DE VINCENNES

Indépendamment du Champ-de-Mars, de l'Esplanade des Invalides, des quais des deux rives et des palais des Champs-Elysées, l'Exposition se continue dans le Bois de Vincennes où une annexe a été établie.

C'est là que se trouvent réunis le matériel des chemins de fer, des usines, la grosse mécanique, la vélocipédie, l'automobilisme et tous les sports, etc., etc.

Pour s'y rendre, prendre soit les tramways du Louvre à Vincennes, du Louvre à Charenton, les bateaux parisiens Point-du-Jour à Charenton, le chemin de fer de ceinture (descendre à la station de Bel-Air), la ligne de Paris à Vincennes, ou les tramways électriques de la Bastille à Charenton.

ATTRACTIONS

CHAMP DE MARS

Panorama du Tour du monde.
Palais lumineux.
Palais du Costume.

GRANDE ROUE DE PARIS. } Reliés à
Village Suisse. } l'Exposition.
Palais de l'optique.
Tour Eiffel.

QUAIS DE LA RIVE GAUCHE

Venise à Paris.
Maréorama.
Panorama transatlantique.

Palais de la femme.
Diorama.
Grand globe céleste.

TROCADÉRO

Steleorama mobile.
Diorama.
Panorama de la mission Marchand

Panorama du Congo.
Théâtre Cambodgien.

QUAIS DE LA RIVE DROITE

Voyages animés.
Vieux Paris.
Tour du merveilleux.
Auteurs gais.
Bonshom. Guillaume.
Grand Guignol.
Palais de la danse.

Aquariums.
Auberge des Cadets.
Maison du rire.
Tableaux vivants.
La Roulotte.
Le Chat Noir.
Chansons.

Visiter les vitrines des Grands Magasins de la Ville de Saint-Denis. (*Classes 85 et 86.*)

Itinéraires et Parcours des Omnibus et Tramways

OMNIBUS

A *Place Clichy*, faubourg Montmartre, boulevard des Italiens, rue des Sts-Pères, *Carrefour des Feuillantines*.

B *Gare de l'Est*, rues Châteaudun, Saint-Lazare, Boétie, *Trocadéro*.

C *Hôtel-de-Ville*, rues Rivoli, Palais-Royal, place Concorde, de l'Etoile, *Porte-Maillot*.

C bis *Palaïs-Royal*, place Concorde, quai de la Conférence, rue François 1er. avenue Champs-Elysées, *Etoile*.

D et **D** bis *Boulevard Filles-du-Calvaire*, rues de Bretagne, Turbigo, Halles, Palais-Royal, rue et faubourg St-Honoré, *les Ternes*.

E *Bastille*, boulevards Beaumarchais, du Temple, St-Martin, St-Denis, Poissonnière, Montmartre, Italiens, Capucines, *Madeleine*.

F *Bastille*, rues Francs-Bourgeois, Rambuteau, les Halles, Banque, places Victoire, Bourse, Opéra, gare St-Lazare, Batignolles, *place Wagram*.

G *Jardin des Plantes*, Notre-Dame, Châtelet, Palais-Royal, avenue de l'Opéra, chaussée d'Antin, *Batignolles*.

H *Odéon*, St-Sulpice, Saint-Germain-des-Prés, Palais-Royal, rue Richelieu, boulevard des Italiens, Notre-Dame-de-Lorette, *Batignolles-Clichy*.

I *Halle aux Vins*, place St Michel, Pont-Neuf, places des Victoires, de la Bourse, r. Drouot, des Martyrs, *place Pigalle*.

J *Montmartre*, rue Rochechouart, rues Montmartre, Halles, Châtelet, boulevard St-Michel, rue et *place St-Jacques*.

K *Boulevard St-Marcel*, quai de la Tournelle, pont de l'Archevêché, pont Notre-Dame, place du Châtelet, rue Saint-Denis, rue de Châteaudun, *Notre-Dame de Lorette*.

L *Saint-Sulpice*, St-Germain-des-Prés, square Cluny, place St-Michel, rue et faubourg St-Martin, *la Villette*.

M *Palais-Royal*, rue Richelieu, Bourse, boul. Poissonnière, Bonne-Nouvelle, faub. St-Denis, Gare de l'Est, faubourg St-Martin, r. Louis-Blanc, de Meaux, *Buttes-Chaumont*.

N *Louvre*, Banque, rue d'Aboukir, portes Saint-Denis, Saint-Martin, place République, *Belleville*.

N bis Même parcours que la ligne N avec prolongement jusqu'au lac Saint-Fargeau par la rue de Belleville.

O *Ménilmontant*, rues Oberkampf, des Archives, Hôtel-de-Ville, Châtelet, Pont-Neuf, Saint-Germain-des-Prés, *gare Montparnasse*.

P *Charonne*, Père-Lachaise, Bastille, gares de Lyon, d'Orléans, *place d'Italie*.

Q *Hôtel-de-Ville*, Châtelet, places St-Michel, St-Sulpice, rues Vavin, de la Gaîté, de Vanves, *Plaisance*.

R *Gare de Lyon*, Bastille, rue de Rivoli, Palais-Royal, faubourg St Honoré, *St-Philippe du Roule*.

T *Rue Jenner*, gare d'Orléans, Halle aux Vins, Hôtel-de-Ville, rue Rambuteau, portes St-Martin, St-Denis, *square Montholon*.

U *Gentilly (Ceinture)*, rue de la Glacière, boulevard Arago, rues de Rivoli, St-Antoine, Turenne, Temple, *place de la République*.

V *Gare du Nord*, faubourg Poissonnière, boul. Montmartre, la Bourse, place des Victoires, Pont-Neuf, rues Bonaparte, de Sèvres, *boulevard Montparnasse*.

X *Gare Saint-Lazare*, Madeleine, rues des Petits-Champs, des Pyramides, du Bac, de Sèvres, *Vaugirard*.

Y *Porte Saint-Martin*, boulevard, rue Montmartre, Palais-Royal, r. du Bac, des Invalides, Ecole Militaire, *Grenelle*.

Z *Bastille*, Ile Saint-Louis, rues des Ecoles, de Vaugirard, *Grenelle*.

AB *La Bourse*, rue du Quatre Septembre, boul. Madeleine, faubourg St-Honoré, Etoile, avenue Victor-Hugo, *Passy*.

AC *Gare du Nord*, rues Lafayette, Drouot, les boulevards, Madeleine, place de la Concorde, Champs-Elysées, *place de l'Alma*.

AD *Quai Valmy*, place République, rue du Temple, Châtelet, Pont-Neuf, St-Germain-des-Prés, rue Babylone, Ecole Militaire, *Champ de Mars*.

AE *Eglise de Montrouge*, rues d'Alésia, Vouillé, Abbé Groult, Entrepreneurs, pont de Grenelle, rue Boulainvilliers, *Gare de Passy*.

AF *Panthéon*, Saint-Sulpice, rue du Bac, boulevard Saint-Germain, place Concorde, Madeleine, boul. Malesherbes, *place Courcelles*.

AG *Rue du Louvre*, Palais-Royal, rues Bonaparte, de Sèvres, de Vaugirard, *porte de Versailles*.

AH *Gare Saint-Lazare*, Madeleine, Concorde, rue St-Dominique, Ecole Militaire, *Javel*.

AH bis *Ecole Militaire, Gare Saint-Lazare*.

AI *Place Saint-Michel*, Châtelet, Palais-Royal, Opéra, *Gare Saint-Lazare*.
   Place Saint-Michel, boulevard Saint-Germain, Alma, avenue Henri Martin, Trocadéro, *Ceinture*.
   Place Saint-Michel, Boulevard Saint-Germain, avenue Henri Martin, *Gare du Trocadéro*.

AJ *Villette (Eglise)*, rues Mathis, Riquet, Ordener, Championnet, Legendre, *Parc Monceau*.

AK *Gare Saint-Lazare*, rues du Havre, Auber, boulevards des Italiens, Montmartre, Poissonnière, Saint-Denis, Saint-Martin, place République, boulevards Voltaire, Richard-Lenoir, Bastille, *Gare de Lyon*.

AL *Gare des Batignolles*, rues de Rome, Tronchet, places Madeleine, Concorde, boulevard St-Germain, rues du Bac, Saint-Placide, Rennes, *Gare Montparnasse*.

AM *St-Germain-des-Prés*, rues Sts-Pères, Palais-Royal, avenue Opéra, rue Auber, gare St-Lazare, rues Amsterdam, Caulaincourt, Damrémont, Ordener, *Montmartre*.

AN *Les Halles*, rue et quai du Louvre, rues Bonaparte, du Cherche-Midi, des Fourneaux, Labrouste, des *Morillons*.

AO *Boulevard de la Villette*, rue Claude-Vellefaux, avenue Parmentier, rue de la Roquette, Bastille, rue de Charenton, *Boulevard de Bercy*.

AZ *Porte d'Ivry*, gare d'Orléans, pont d'Austerlitz, boulevard Henri IV, *Bastille*.

TRAMWAYS DE LA COMPAGNIE DES OMNIBUS

3. **C** *Louvre*, les quais, Bastilles, faubourg Saint-Antoine, pl. de la Nation, av. St-Mandé, rue de Paris, *Vincennes*.

4. **D** *La Villette*, boulevards de la Chapelle, de Clichy, des Batignolles, *place de l'Etoile*.

5. **E** *La Villette*, boulevards de Belleville, de Ménilmontant, *place de la Nation*.

6. **F** *Louvre*, Halles, rues Turbigo, boulevard Voltaire, *cours de Vincennes*.

7. **G** *Gare de l'Est*, boulevards de Strasbourg, Sébastopol, St-Michel, avenue d'Orléans, *Montrouge*.

8 **H** *La Chapelle*, gares du Nord, de l'Est, boulevards Strasbourg, Sébastopol, St-Michel, *square Monge*.

9 **I** *Bastille*, boulevards Richard-Lenoir, Voltaire, Magenta, Barbès, Ornano, *cimetière St-Ouen*

10. **J** *Louvre*, quai des Tuileries, places Concorde, Trocadéro, Passy, *la Muette*.

11. **K** *Louvre*, quais, rue Rivoli, Bastille, quai de la Rapée, de Bercy, *Charenton*.

12. **L** *Bastille*, boulevards Henri IV, Saint-Germain, quai d'Orsay. *avenue Rapp*.

13. **M** *Gare de Lyon*, d'Orléans, boulevard Saint-Germain, place de la Concorde, *pont de l'Alma*.

14 **N** *Rue Taitbout*, boulevards Haussmann, Etoile, Trocadéro, avenue Henri-Martin, *Muette*.

15. **O** *Gare d'Auteuil, Boulogne*.

16. **P** *Trocadéro*, Etoile, boulevards Courcelles, Batignolles, Clichy, Chapelle, *La Villette*.

16 bis. **Pbis** *Trocadéro (ceinture)*, même itinéraire que le tramway, **P** mais part de la *place Pigalle*.

17. **Q** *Halles*, Châtelet, boulevard Saint-Michel, rue Gay-Lussac, avenue Gobelins, place d'Italie, *porte d'Ivry*.

18. **R** *de l'Eglise de Boulogne aux Moulineaux*.

20. **U** *Place de la Nation*, boulevards de Reuilly, de Bercy, de la Gare, Saint-Jacques, *Gare de Sceaux*.

21. **V** *Opéra*, rues Lafayette, d'Allemagne, *Pantin*.

22 **X** *Châtelet*, Bastille, rue de Lyon, boulevard Diderot, place de la Nation, *Montreuil*.

23. **Y** *Place de la République*, Bastille, faubourg Saint-Antoine, rues Crosatier, de Charenton, *Charenton*.

24. **Z** *Châtelet*, boulevards Sébastopol, Strasbourg, faubourgs Saint-Denis, la Chapelle, *Saint-Denis*.

25 **AB** *Quai du Louvre*, de Passy, d'Auteuil, Sèvres, Chaville, Viroflay, *Versailles*.

26. **AC** *Saint-Sulpice*, rue de Sèvres, boulevard et pont de Grenelle, *gare d'Auteuil*.

27. **AD** *Saint-Augustin*, gare St-Lazare, rues Châteaudun, Lafayette, Bolivar, Pyrénées, *cours de Vincennes*.

28. **AE** *Madeleine*, boulevard Haussmann, place de l'Etoile, place du Trocadéro, rue Passy, chaussée de la Muette, *Auteuil*.

29. **AF** *St-Philippe-du-Roule*, pont des Invalides, avenue de Breteuil, rue de Sèvres, avenue d'Orléans, *Montrouge*.

30. **AG** *Opéra*, boulevard Hausmann, avenue Friedland, *place de l'Etoile*.

31. **AH** *Gare du Nord*, de l'Est, boulevards Sébastopol, St-Germain, rue de Rennes, *boulevard Vaugirard*.

32. **AI** *Gare d'Orléans*, pont d'Auterlitz, boulevard Diderot, Bastille, boulevards Magenta, de Strasbourg, place de Roubaix, *Gare du Nord*.

37. **G**bis *Rue de Médicis*, Odéon, porte d'Orléans, Montrouge, Bagneux, Chelles, grande ceinture, Longjumeau Montlhéry, *Arpajon*.

TRAMWAYS-SUD

38. *Saint-Germain-des-Prés*, gare Montparnasse, Raspail, avenues d'Orléans, Châtillon, *Fontenay-aux-Roses*.

39. *Gare Montparnasse*, Invalides, Ecole Militaire, pont de l'Alma, *Etoile*.

40 *Gare Montparnasse*, boulevards Port-Royal, St-Marcel, gares d'Orléans, de Lyon, *Bastille*.

41. *Châtelet*, Notre-Dame, rue Monge, place et avenue d'Italie, Bicêtre, *Villejuif*,

42. *St-Germain-des-Prés*, gare Montparnasse, rues Sèvres, Lecourbe, Issy, Vanves, *Clamart*.

43. *Bastille*, avenues Daumesnil, Saint-Mandé, bois de Vincennes, *Charenton*.

44. *Châtelet*, Notre-Dame, rue Monge, place d'Italie, boulevard de la Gare, rue Jeanne d'Arc, *Ivry*.

44bis. *Les Halles*, rue St-Denis, pont Notre-Dame, place Maubert, place d'Italie, rue du Milieu, *Petit Ivry*.

45 *Châtelet*, Notre-Dame, rue Monge, place d'Italie, avenues de Choisy, Vitry, *Choisy-le-Roi*.

46. *Saint-Philippe-du-Roule*, Invalides Ecole Militaire, rues Cambronne, Lecourbe, Vaugirard, Issy, *Vanves*.
47. *Place Valhubert*, gare de Bercy, boulevard de Reuilly, avenue Saint-Mandé, *place de la Nation*.

TRAMWAYS DE PARIS ET DU DÉPARTEMENT DE LA SEINE

51. *Etoile*, avenues Grande-Armée, de Neuilly, *Courbevoie*.
51 bis *Courbevoie*, quai, Puteaux, *Suresnes*.
52. *Madeleine*, boul. Malesherbes, avenue de Villiers, porte Champerret, Porte-Maillot av. de Neuilly, *Courbevoie*.
53. *Madeleine*, boulevard Malesherbes, avenue de Villiers, porte Champerret, boulevard Binéau, *Courbevoie*.
53 bis. *Madeleine*, boulev. Malesherbes, avenues de Villiers, du Roule, *Neuilly (boulevard du Château)*.
54. *Madeleine*, boulevard Malesherbes, av. de Villiers, rue de Courcelles, *Levallois*.
55. *Madeleine*, gare Saint-Lazare, rues de Rome, Saint-Pétersbourg, avenue Clichy, *Gennevilliers*.
55 bis *Madeleine*, gare St-Lazare, rues de Rome, Constantinople, boulevard Malesherbes, route d'Asnières, avenue d'Argenteuil, Asnières, *Colombes*.
56. *Madeleine*, rues de Rome, St-Pétersbourg, avenue Saint-Ouen, Saint-Ouen, *Saint-Denis*.
57. *Saint-Ouen à l'île Saint-Ouen*.
57 bis. *Saint-Denis*, Saint-Ouen, Landy, route de la Révolte, *Porte Maillot*.
58. *Opéra*, rues Lafayette, Maubeuge, la Chapelle, route St-Denis, *Saint-Denis*.
58 bis. — *Châtelet*, faub. Saint-Denis, porte de la Chapelle, plaine St-Denis, *St-Denis, (Rond-point de Picardie*.
59. *Place République*, boulevard Magenta, faubourg Saint-Denis, rues Lafayette, de Flandre, *Aubervilliers*.
59 bis *Eglise de Pantin, Quatre Chemins*.
59 ter *Cimetière parisien, Quatre Chemins*.
60. *Place République*, boulevard Magenta, faubourg Saint-Denis, rue Lafayette, d'Allemagne, *Pantin*.
61. *Porte d'Allemagne, Cimetière Parisien*.

COMPAGNIE GÉNÉRALE DES BATEAUX PARISIENS
De Charenton-Saint-Maurice au viaduc d'Auteuil (Point-du-Jour).

STATIONS DESSERVIES

1.	Charenton-Saint-Maurice (Marne)	R.D.	12. Grève.	R.D.
2.	Alfortville (Marne)	R.G.	13. Pont-Neuf.	R.G.
3.	Les Carrières.	R.D.	14. Saints-Pères.	R.G.
4.	Ivry.	R.G.	15. Pont-Royal.	R.G.
5.	Magasins génér.	R.D.	16. Concorde.	R.G.
6.	Pont-National.	R.D.	17. Invalides.	R.G.
7.	Pont de Tolbiac.	R.G.	18. Alma.	R.G.
8.	Pont de Bercy.	R.D.	19. Iéna.	R.G.
9.	Austerlitz.	R.D.	20. Passy (île des Cygnes).	R.G.
10.	Austerlitz (en montée seulement).	R.G.	21. Grenelle (pont).	R.G.
			22. Javel.	R.G.
11.	Tournelle.	R.G.	23. Auteuil (viaduc d')	R.D.

Charenton St-Maurice au Point-du-Jour. Prix des places .. { 10 c. Semaine. / 15 c. Dimanches et Fêtes.

D'Austerlitz à Auteuil (Point-du-Jour).

STATIONS DESSERVIES

1. Austerlitz.	R.G.	8. Concorde.	R.D.
2. Sully.	R.D.	9. Alma.	R.D.
3. Ile St-Louis.	R.D.	10. Trocadéro.	R.D.
4. Pont-d'Arcole.	R.D.	11. Passy.	R.D.
5. Châtelet.	R.D.	12. Grenelle.	R.D.
6. Louvre.	R.D.	13. La Galiote (Auteuil).	R.D.
7. Pont-Royal.	R.D.	14. Auteuil.	R.D.

Prix des places... { 10 c. Semaine. / 20 c. Dimanches et Fêtes.

Du quai des Tuileries à Suresnes

STATIONS DESSERVIES

1. Tuileries.	R.D.	10. Sèvres.	R.G.
2. Concorde.	R.D.	11. Boulogne.	R.D.
3. Alma.	R.D.	12. St-Cloud.	R.G.
4. Passy.	R.D.	13. Coteaux de St-Cloud	R.G.
5. Auteuil.	R.D.	14. Longchamps (R.D.). Les jours de courses et de revues).	
6. Les Peupliers.	R.D.		
7. Pont de Billancourt	R.D.		
8. Bas-Meudon.	R.G.	15. Suresnes.	R.G.
9. Funiculaire Bellevue.	R.G.		

. Prix des places.

os Tuileries à Suresnes................. { 20 c. Semaine. 40 c. Dimanches
e Saint-Cloud à Suresnes et réciproquement.. { 25 c. Dimanches et Fêtes.

Des Carrières-Charenton à Alfortville-Barrage

STATIONS DESSERVIES

Les Carrières-Charenton — Alfortville-centre — Vitry — Alfortville-barrage.

Prix des places... { 10 c. Semaine.
{ 15 c. Dimanches et Fêtes.

CHEMIN DE FER FUNICULAIRE
De la place de la République à l'Église de Belleville.

Départs toutes les 5 minutes. — 15 minutes de trajet.
Du 1er Octobre au 31 Mars : De 6 heures matin à minuit 30.
PRIX : **0 fr. 05 c.** de 6 à 7 h. matin et de 6 à 7 h. soir.
PRIX : **0 fr. 10 c.** les autres heures.
Du 1er Avril au 30 Septembre : De 5 h. matin à minuit 30.
PRIX : **0 fr. 05 c.** De 5 à 6 h. matin et de 7 à 8 h. soir.
PRIX : **0 fr. 10** les autres heures.

TRAMWAY ÉLECTRIQUE DE ROMAINVILLE

Desservant la place de la République, l'avenue de la République, le Père-Lachaise, la place et l'avenue Gambetta, le lac Saint-Fargeau, les Lilas et Romainville.

Départs toutes les dix minutes dans chaque sens et départs toutes les cinq minutes lorsque l'affluence du public l'exige à certaines heures de la journée.

1er départ de Romainville............ 6 h. » mat.
Dernier départ de Romainville......... minuit.
1er départ de la place de la République... 6 h. » mat.
Dernier départ de la place de la République. min. 45

TARIF	1re classe	2e classe
1o Intérieur de Paris.	» 15	» 10
2o Des fortifications à la limite des Lilas......	» 10	» 05
3o De la limite des Lilas à Romainville.......	» 10	» 05
4o Parcours hors Paris, total ou dépassant au moins la limite des Lilas	» 20	» 10
5o (A partir du 1er avril), de Romainville à Noisy-le-Sec (gare).	» 10	» 05

BATEAUX-OMNIBUS

VOYAGES DE PARIS A SAINT-GERMAIN

Départ du Pont-Royal (quai d'Orsay, rive gauche) tous les jours à 10 heures 1/2 du matin.

Administration : 185, boulevard Voltaire, Paris.

PRIX DES PLACES

De Paris à Saint-Germain..... { Billet simple........		3 »
{ Aller et retour......		4 50
De Saint-Germain a Paris...........................		2 »
De Paris à Saint-Denis.............................		2 »
De Saint-Denis à Saint-Germain....................		2 »
D'Argenteuil a Saint-Germain		1 50

Les enfants de 5 à 10 ans paient demi-place.

CAFÉ-RESTAURANT A BORD

Services à la carte et à prix fixe. Déjeûners à 4 fr. et à 6 fr. Dîners à 5 fr. et à 7 fr.

Les billets peuvent être pris à l'avance à l'agence Lubin, 36, boulevard Haussmann, et à l'agence H. Gaze et fils, 2, rue Scribe.

VOITURES DE PLACE (2 PLACES)

La course : 1 fr. 50. — L'heure : 2 fr.

Passé minuit 30

La course : 2 fr. — L'heure : 2 fr. 50

NOTA. — *Dans le périmètre des fortifications.*

VISITER

LES GRANDS MAGASINS

de la

VILLE DE SAINT-DENIS

EXPOSITION PERMANENTE

HEURES D'ENTRÉE
dans les
Monuments, Musées, Bibliothèques et Promenades de Paris.

MUSÉE CARNAVALET, rue de Sévigné, 23.— Les dimanche, mardi et mercredi, de 11 h. à 5 h., le lundi, de 11 h. à 3 h., les jeudi, vendredi et samedi, de 10 h. à 4 h. (En été, de 11 h. à 5 h. tous les jours).

BIBLIOTHEQUE NATIONALE, rue de Richelieu, 58. — Les mardi et jeudi de 10 h. a 4 h. (Imprimés de 9 h. à 6 h. tous les jours. Vacances de huit jours à Pâques.)

HOTEL DES MONNAIES, quai Conti. — Les mardi et vendredi, de 12 h. à 3 h. (Avec permission demandée au Directeur).

MANUFACTURE DES GOBELINS, avenue des Gobelins, 42. — Les mercredi et samedi, de 1 h. à 3 h.

MANUFACTURE DE SEVRES (ateliers). — Tous les jours, de 12 h. à 4 h. (Avec permission demandée au Secrétariat des Beaux-Arts).

NOTRE-DAME (Trésor), place du Parvis. — Tous les jours, de 10 h. à 5 h., excepté le dimanche. (Moyennant 50 centimes. Les tours, les mêmes jours, moyennant 20 centimes ; les cloches, 20 centimes).

LA MADELEINE.— De 1 h. à 6 h., tous les jours, en dehors des offices.

SACRÉ-CŒUR. — De 6 h. à 7 h., tous les jours.

SAINTE-CHAPELLE, boulevard du Palais. — De 11 h. à 5 h., tous les jours, après les heures ordinaires, accompagné d'un gardien (rémunéré), sauf pendant les offices.

SAINT-DENIS (Tombeaux des rois). — De 8 h. 1/2 à 5 h. 1/2, tous les jours.

HOTEL DE VILLE (sur la place). — Les mardi, jeudi et samedi, de 2 h. à 3 h., le vendredi de 12 h. à 3 h. (Avec permission demandée à la direction des travaux).

HOTEL DES INVALIDES (Esplanade des Invalides). — Tous les jours, de 12 h. à 4 h.

TOMBEAU DE NAPOLÉON (Hôtel des Invalides). — Les lundi, mardi, jeudi et vendredi, de 12 h. à 4 h.

PANTHÉON. — Tous les jours, excepté le lundi, le monument, de 10 h. à 4 h., les caveaux, de 1 h. à 4 h. Le dôme ne se visite qu'avec une permission accordée par le Secrétariat des Beaux-Arts, 3, rue de Valois.

PALAIS DE JUSTICE. — Tous les jours, excepté le dimanche, de 12 h. à 4 h. (Public).

PRISON DE LA CONCIERGERIE (Palais de Justice). — Le jeudi, de 10 h. 1/2 à 2 h. (Avec permission demandée à la préfecture de police, rue de Lutèce, bureau des Prisons).

TOUR EIFFEL. — Premier étage, 9 h. du matin à 11 h. du soir : semaine, 1 fr.; dimanche, 50 cent. — Deuxième étage, 9 h. du matin à la nuit : semaine, 1 fr.; dimanche 50 cent. — Troisième étage, 9 h. du matin à la nuit : semaine, 2 fr.; dimanche, 1 fr.

PALAIS DU LUXEMBOURG. — Tous les jours, excepté le dimanche, de 9 h. à 6 h. (En dehors des sessions du Sénat).

CHAMBRE DES DÉPUTÉS. — Tous les jours, de 12 h. à 4 h.

PALAIS DU TROCADÉRO (Salle des Fêtes). — Tous les jours, de 12 h. à 4 h.

CHATEAU DE VERSAILLES (Trianon et Chapelle). — Tous les jours, excepté le lundi, de 10 h. à 5 h. (11 h. à 4 h. en hiver ; les Trianons, de 8 h. à 4 h.)

CATACOMBES, place d'Enfer. — Demander autorisation au Préfet de la Seine.

ÉGOUTS, place de la Madeleine et place du Châtelet. — 1er et 2me mercredis de chaque mois, à partir de 1 h., du 1er mai au 1er octobre. (Demander autorisation au Directeur des travaux d'assainissement, 4, avenue Victoria.)

JARDIN DES PLANTES (Serres). — Les mardi, vendredi et samedi, de 1 h. à 4 h. (Sur présentation de billets.)

JARDIN DES PLANTES (Galerie des animaux). — Les mardi, vendredi et samedi, de 11 h. à 3 h. Publique seulement le jeudi et le dimanche ; les autres jours sur présentation de billets.

JARDIN DES PLANTES (Histoire naturelle). — *Idem*. (Demander les billets par écrit au Directeur du Muséum.)

JARDIN DES PLANTES (Ménageries). — Tous les jours, de 11 h. à 4 h. (Lorsque les animaux ne sont pas sortis).

LOUVRE (Peintures, sculptures antiques). — Tous les jours, excepté le lundi ; le dimanche, de 10 h. à 4 h ; les autres jours, de 9 h. à 5 h. (En hiver, de 10 h. à 4 h. seulement).

LOUVRE (Marine, ethnographie, chinois). — Tous les jours excepté le lundi; le dimanche, de 10 h. à 4 h., les autres jours, de 11 h. à 4 h.

LUXEMBOURG (Peintures et sculptures). — Tous les jours, excepté le lundi; le dimanche, de 10 h. à 4 h.; les autres jours, de 9 h. à 5 h. (En hiver, de 10 h. à 4 h. seulement).

ARTS ET MÉTIERS (Sciences et Industries). — Les dimanche et mardi, de 10 h. à 4 h., le jeudi, de 11 h. à 4 h.; les autres jours en se présentant à l'administration de midi à 3 h.

BEAUX-ARTS (Peintures et dessins). — Le dimanche, de 12 h. à 4 h., les autres jours, de 10 à 4 h. (Samedi, accompagné d'un gardien rémunéré, de 10 h. à 4 h.)

CLUNY (Antiquités). — Tous les jours, excepté le lundi, de 11 h. à 5 h. (Pas visible lorsqu'un jour férié tombe en semaine).

INVALIDES (Artillerie). — Les dimanche, mardi et jeudi, de 12 h. à 4 h. (Du 1er novembre au 31 janvier, de midi à 3 h. seulement).

INVALIDES (Plans en relief). — Tous les jours, excepté le samedi, de 12 h. à 4 h. (N'est visible que du 15 mai au 30 juin).

TROCADÉRO (Aquarium, pisciculture). — Tous les jours, de de 9 h. à 11 h. et de 1 h. à 5 h.

OBSERVATOIRE (Astronomie). — Premier samedi de chaque mois, avec autorisation du Directeur.

DUPUYTREN (Anatomie pathologique). — Tous les jours, excepté le dimanche, de 11 h. à 4 h. (Avec autorisation du conservateur, 15, rue de l'Ecole-de-Médecine).

SAINT-GERMAIN (Antiquités nationales). — Les dimanche et jeudi, de 10 h. 1/2 à 4 h.; le mardi, de 11 h. 1/2 à 4 h.

INSTITUTION DES JEUNES AVEUGLES, boulevard des Invalides, 56. — Le mercredi, de 1 h. 1/2 à 4 h., avec permission du Directeur (excepté août et septembre).

INSTITUTION DES SOURDS-MUETS, rue Saint-Jacques, 256. — Le mardi, de 2 h. à 4 h. (Avec permission du Directeur).

ARC-DE-TRIOMPHE DE L'ÉTOILE. — S'adresser au gardien.

COLONNE DE JUILLET, pl. de la Bastille. — S'adresser au gardien.

COLONNE VENDOME, place Vendôme. — S'adresser au gardien.

COURS MOYEN DES MONNAIES ÉTRANGÈRES A PARIS

ALLEMAGNE

	VALEUR en francs
Or :	
Double-couron° (20 marks)	24.69
Couronne (10 marks)..	12.35
5 marks...............	6.17
Argent :	
5 marks.............	5.56
2 marks...	2 22
1/2 mark (50 pfennigs)	» 56

Mesure itinéraire : le kilomètre.
Ancienne mesure : Meile = 7 k. 532ᵐ

AMÉRIQUE (États-Unis)

Or :	
Double aigle (20 dollars).	103.65
Pièces de 10, 5 et 3 dollars. Le dollar or...	5.18
Argent :	
Un dollar (100 cents)..	5.34
Pièces de 50, 25, 20, 10 cents. Le cents.....	» 05

ANGLETERRE

Or :	
Livre sterling ou souverain	25.22
Demi-livre ou 1/2	12.61
Argent :	
Couronne, 5 shillings .	5.81
Demi-couronne, 2 sh. 6 pences	2.91
Florin ou 2 shillings..	2.32
2 florins	4.64
1 shilling	1.16
6 pences	» 58
4 pences	» 39
3 —	» 29
2 —	» 19
Cuivre. — Penny	» 10
Demi-penny.	» 05

Mesure itinéraire : Mille = 1 k. 609ᵐ

ARGENTINE (République)

Or :	
Argentino (5 pesos)..	25 »
1/2 argentino.........	12.50
Argent :	
Peso	5 »
50 cents..............	2.50
20 —	1 »
10 cents..............	» 50
5 —	» 25

AUTRICHE

Or. — Souverain.....	34 »
Ducat	11.85
8 florins...... .	20 »
Argent :	
Double florin	4.90
1 florin..............	2.45
1/4 florin	» 50
10 kreutzers..........	» 30
5 —	» 15

BRÉSIL

Or :	
Pièces de 20.000 reis..	56.63
— 10.000 —	28.32
Pièces de 5.000 reis...	14.16
Argent :	
Pièces de 2.000 reis...	5.19
— 1.000 —	2.60
Pièces de 500 reis....	1.30

CHILI

Or :	
Condor (10 pesos)	47.28
Doblon ou 1/2 condor.	23.64
Escudo (2 pesos).....	9.45
Peso	4.73
Argent :	
Peso (100 centavos) ..	5 »
50 centavos	2.50
10 centavos	1 »

COLOMBIE

Or :

Quadruple........... 80 »
— de Popayan 60 »
Pistole 19.50
Argent. — Piastre.. 3.50

DANEMARK

Or :

Pièce de 20 couronnes. 27.80
Pièce de 10 couronnes. 13.90
Argent :
Pièce de 2 kroner.... 2.67
— 1 — 1.34
Pièce de 50 ore ...... » 67
— 25 — ...... » 32
Cuivre :
Pièce de 5 ore .... » 06
Mesure itinéraire : *Mil* = 7 *k.* 502ᵐ

ÉGYPTE

Or :

Livre égyptienne..... 25.61
50 piastres 12.81
20 — 5.13
10 piastres 2.56
5 — 1.28
Argent :
20 piastres........... 5.18
10 — 2.59
5 — 1.29
2 piastres .... ».52
1 — .... ».26

ESPAGNE

Or :

Quadruple. .... 80 »
Doublon (10 escudos) 25 »
Alphonsine (25 pesetas).. 24.75
Isabelle (80 réaux).... 20 »
1/8 de quadruple ou
4 escudos........... 10 »

Argent :
Alphonsine (5 pesetas) 4.25
Ancienne piastre de 20
reales 4.25
Peseta .... » 80
Media peseta......... ».40

GRÈCE

Or. — Les 20 drachmes 20.»
Pièces de 10, de 5 drachmes.
Argent ;
Drachme (100 lepta).. 1 »
Pièces de 5 drachmes,
de 50 et 20 lepta
Ancienne écu Othon... 3.75

HOLLANDE OU PAYS-BAS

Or :
Double Guillaume (dou-
ble ducat)........... 23.66
— — (ducat) 11.83
1/2 Guillaume (10 gulden). 20.83
Argent :
Rixdaler (1/2 gulden). 5.25
Gulden ou florin 2 10
1/2 gulden ou 1/2 florin 1.05
25 cents.............. ».51
Cuivre. — Cents..... ».02
Mesures itinéraires *Myt* { = 1 *kil.*
Uren { = 5 —

ILES PHILIPPINES

Or :
Doublon (10 escudos). 25 »
(Pièces de 4 et de 2 escudos).
Argent :
Duro (2 escudos)...... 4.10
Escudo............... 2.05

INDES ANGLAISES

Or. — Mohur........ 36.83
2/3 mohur.... 24.55
1/3 — 12.28

Argent.— Roupie..... 2.38
      Demi-roupie... 1.19
      1/4 roupie..... ».59
      1/8 — ..... ».30

MAROC

Argent :
10 onces 5.82
 5 — 2.70
 2 1/2 .... 1.35
 1 once .... ».54
 1/2 — .... ».27
Cuivre :
Pièces de 4 et 6 fluces.

MEXIQUE

Or. — 20 pesos ..... 102 »
     10 — ..... 51 »
      5 — 25.50
2 1/2 pesos 12.75
1 — 5.10
Argent.— Peso...... 5.34
    50 centavos... 2.71
    25 — ... 1.35
    10 — ... » 54
     5 — ... » 27
Cuivre :
Cartillos 1/4 real ..... » 17

NOUVELLE GRENADE

Or :
Quadruple 16 pesos... 80 »
Condor................. 20 »
Argent :
Piastres.............. 3.50
1/2 piastre(50 centavos) 1.75
1/5 — (20 — » 70
Decimo .... » 40
1/2 decimo .... » 20

PÉROU

Or :
Pièce de 20 pesos.... 100 »
Condor (10 piastres).. 48 »

Pièces de 10, 5, 2 et 1 sols.
Le sol ou peso........ 5 »
Argent. — Sol ou piastre.

PERSE

Or :
2 thomans 17.66
1 — 8.83
1/2 thomans.......... 4.42
Banabat 1.04
Argent :
Abassis 4 chabis ..... » 41

PORTUGAL

Or :
Couronne 10.000 reis.. 56 »
1/2 cour. 5.000 — 28 »
1/5 cour. 2.000 — 11.50
1/10 — 1.000 — 5.60
Argent :
5 testons ou 500 reis.. 2.55
2 — ou 200 — 1.02
Teston ou 100 — » 51
1/2 teston ou 50 — » 25
Rei (monnaie de compte)... » 056

ROUMANIE

Or. — Vingt leis..... 20 »
    Pièces de 10 et 5 leis.
Argent. — Cinq leis. 3.75
    Pièces de 2, 1 et 1/2 leis
Cuivre. — Banni .... » 01

RUSSIE

Or :
Impériale (10 roubles).... 40 »
1/2 impériale de 5 roubles 20 »
Argent :
Roubles (100 kopecks). 4 »
Poltinik ou 1/2 rouble. 2 »
Polpoltinki ou 1/4 rouble. 1 »
Abassis (20 kopecks). » 40
Cuivre. — Kopeck.... ».026
Mesure itin.: versta = 1 kil. 60 mètres

SUÈDE ET NORWÈGE

Or :
Pièces de 20 kroners.. 27.78
— 10 — .. 13 89
Argent. — 2 kroners. 2.67
Cuivre. — 5 ones.... » 175
2 — .... » 07
1 — .... » 035

TUNISIE

Or :
Pièces de 100 piastres. 60.25
Pièces de 50, 25, 10, 5 piastres.
Argent :
Pièce de 2 piastres.... 1.20

TURQUIE

Or :
500 piastres ou bourse 113.92
Pièces de 50, 25, 10, 5 piastres

Livre ou medjidich 100 piastrss 22.78
Argent :
20 piastres 4 44
10 — 2.22
5 — 1.11
2 — .... » 44
1 — (40 paras). » 22
1/2 — .... » 11

URUGUAY

Or. — Once......... 85 »
Argent. — Piastre... 3.50
Real..... » 65

VENEZUELA

Or :
Le bolivar de 5 piastres 24.50
— 4 — 19.50
Argent. — Le peso.. 3.50

CAFÉ DAMOY

"MARQUE : LA TASSE"

PARIS

31

B.ᵈ Sébastopol

PARIS

31

B.ᵈ Sébastopol

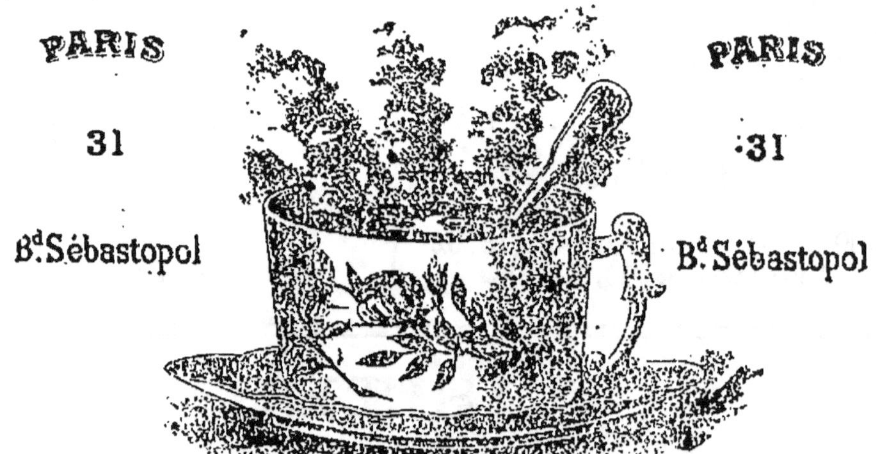

Exiger la Marque

le ½ kᵒ. **2** francs

c'est le meilleur & le moins cher

VISITER les Grands Magasins de la
VILLE DE S. DENIS
PARIS
Faub.g S.t Denis
&
rue de Paradis
Nouveautés
EXPOSITION
PERMANENTE

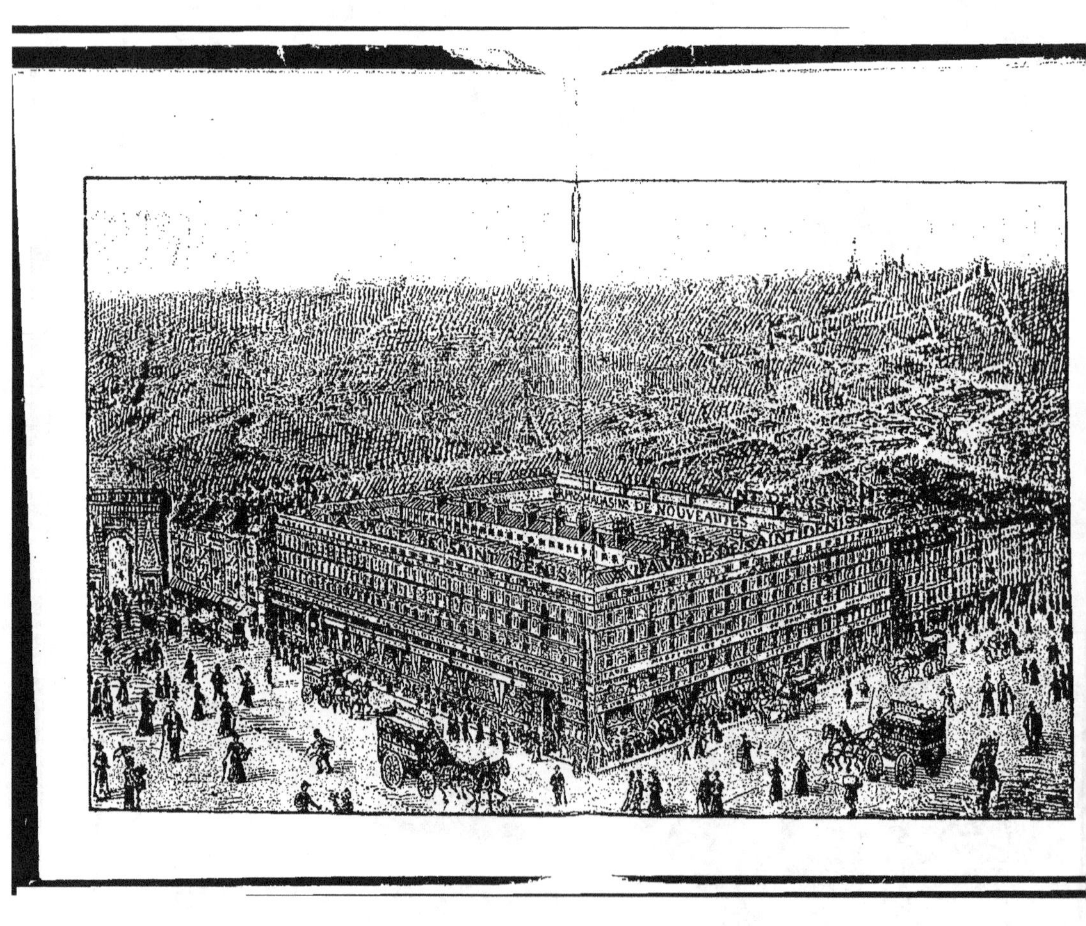

VISITER les Grands Magasins de la
VILLE DE St DENIS
PARIS
Faub. St Denis
&
rue de Paradis
Nouveautés
EXPOSITION
PERMANENTE

SERVICE TÉLÉPHONIQUE

Villes reliées avec Paris par le téléphone.

	Prix par 3 minutes
Paris-et-Banlieue	0 40
Paris-Aix-Provence	2 25
Paris-Amiens	0 50
Paris-Arras	0 75
Paris-Auxerre	0 50
Paris-Bordeaux	1 75
Paris-Bruxelles	3 »
Paris-Châlons-s-M	0 50
Paris-Chartres	0 75
Paris-Chatou	0 40
Paris-Dieppe	0 50
Paris-Dijon	1 »
Paris-Dreux-Évreux	0 50
Paris-Elbeuf	0 40
Paris-Étampes	0 40
Paris-Epernay	0 50
Paris-Epinal	1 25
Paris-Fécamp	0 40
Paris-Fontainebleau	0 40
Paris-Havre	0 50
Paris-Lagny	0 40
Paris-Lille	0 75
Paris-Creil	0 40
Paris-Chantilly	0 40
Paris-Londres	10 »
Paris-Louviers	0 50
Paris-Lyon	1 50
Paris-Maisons-Alfort	0 40
Paris-Mantes	0 40
Paris-Marseille	2 25
Paris-Meaux	0 40
Paris-Nancy	1 »

Paris-Nanterre	0 40
Paris-Nantes	1 25
Paris Orléans	0 50
Paris-Le Perr. Rambouill.	0 40
Paris-Passy	0 40
Paris-Pontoise	0 40
Paris-Reims	0 50
Paris-Rouen	0 50
Paris-St-Michel-s/Orge	0 40
Paris-St-Quentin	0 50
Paris-Sceaux	0 25
Paris-Soissons	0 50
Paris-Tours	0 75
Paris-Troyes	0 50
Paris-Valenciennes	0 75
Paris-Versailles (cabine)	0 40
Paris-Vienne (Isère)	1 75
Paris-Roubaix-Tourcoing	0 75
Paris-Melun	0 40
Paris-Meulan	0 40

CORPS CONSTITUÉS, MINISTÈRES ET ADMINISTRATION

SÉNAT

M. FALLIÈRES, président, Palais du Luxembourg

CHAMBRE DES DÉPUTÉS

M. DESCHANEL, président, Palais Bourbon.

CONSEIL D'ÉTAT, Palais-Royal.

CHANCELLERIE DE LA LÉGION-D'HONNEUR

1, Rue de Solférino.
Grand Chancelier :
Général de division DAVOUST.

Audience sur demande.

MINISTÈRES

AFFAIRES ÉTRANGÈRES

Quai d'Orsay, 37, et rue de l'Université, 130.
M. DELCASSÉ, député de l'Ariège.

Bureaux ouverts de 9 heures à 5 heures. — Réception sur lettres d'audience les lundi et vendredi de 10 heures 1/2 à 11 heures 1/2.

AGRICULTURE

71, rue de Varennes.
M. Jean DUPUY, sénateur.

Bureaux ouverts de 9 heures à 5 heures. — Réception sur lettre d'audience les mercredi et vendredi de 10 heures à midi.

COLONIES

Pavillon de Flore (Tuileries.)
M. DECRAIS, député de la Gironde.

Bureaux ouverts de 9 heures à 5 heures. — Réception sur lettre d'audience les mercredi et vendredi de 9 heures à 11 heures.

INSTRUCTION PUBLIQUE ET BEAUX-ARTS
110, rue de Grenelle.

M. LEYGUES (Georges), député du Lot-et-Garonne

Bureaux ouverts de 9 heures à 5 heures. — Réception sur lettre d'audience les mercredi et vendredi de 9 heures à midi.

INTÉRIEUR ET CULTES
Place Beauveau, 11.

M. WALDECK-ROUSSEAU, Président du Conseil.

Bureaux ouverts de 9 heures à 5 heures. — Réception sur lettre d'audience les mercredi et vendredi de 10 heures à midi.

JUSTICE
13, Place Vendôme.

M. MONIS, sénateur.

Bureaux ouverts de 9 heures à 5 heures. — Réception sur lettre d'audience, le mercredi de 9 heures 1/2 à midi, le vendredi de 9 heures 1/2 à 11 heures.

COMMERCE, INDUSTRIE, POSTES ET TÉLÉGRAPHES
101, rue de Grenelle.

M. A. MILLERAND, député de Paris.

Bureaux ouverts de 9 heures à 5 heures. — Réception sur lettre d'audience les mercredi et vendredi de 10 heures à midi.

SOUS-SECRÉTARIAT DES POSTES ET TÉLÉGRAPHES
rue de Grenelle, 99 à 103.

Sous-Secrétaire d'État :

M. MOUGEOT, député de la Haute-Marne.

FINANCES
Rue de Rivoli (Palais du Louvre.)

M. CAILLAUX, député de la Sarthe.

Bureaux ouverts de 9 heures à 5 heures. — Réception sur lettre d'audience les mercredi et vendredi de 10 heures à midi.

GUERRE

M. DE GALLIFFET, général de division.
Ministre : *rue Saint-Dominique, 14.*
Bureaux : *Boulevard Saint-Germain, 231.*

Bureaux ouverts au public les mardi et vendredi de 2 heures à 4 heures au service de l'enregistrement et des renseignements, rue Saint-Dominique, 14.

Réceptions : Ministre, le vendredi de 10 h. à 11 h. 1/2.
Chef de cabinet, le vendredi de 10 h. à 11 h. 1/2.

MARINE

rue Royale, 2.
M. de LANESSAN, député du Rhône.

Bureaux ouverts de 9 heures à 11 heures.
Réceptions : Ministre, mercredi et samedi de 9 heures 1/2 à 11 heures 1/2 ; le chef du Cabinet civil, tous les jours de 10 heures à 11 heures.

TRAVAUX PUBLICS

Boulevard Saint-Germain, 244, 246, 248.
M. Pierre BAUDIN, député de la Seine.

Bureaux ouverts de 9 heures à 5 heures. — Réception sur lettre d'audience les mercredi et samedi de 9 heures 1/2 midi par le n° 246.

PRÉFECTURE DE LA SEINE

Hôtel-de-Ville.
Préfet : M. de Selves.

Réception sur demande.
L'Hôtel-de-Ville est visible tous les jours de 2 heures à 3 heures, entrée par la cour du Nord.
Bureaux de 10 heures à 4 heures.

PRÉFECTURE DE POLICE

7, Boulevard du Palais.
M. LÉPINE, préfet de police.

Réception sur lettre d'audience mardi et samedi.
Bureaux ouverts de 10 heures à 4 heures.

AMBASSADES, LÉGATIONS, CONSULATS

AMBASSADES

Allemagne, rue de Lille, 78 (10 h. à midi et 2 à 3 h.).
Angleterre, faubourg Saint-Honoré, 39 (11 h. à 3 h.).
Argentine, avenue Kléber, 87 (2 h. à 4 h.).
Autriche-Hongrie, rue de Varenne, 57 (1 h. à 3 h.).
Bavière, rue de l'Université, 110 (2 h. à 4 h.).
Belgique, rue du Colisée, 38 (1 h. à 3 h.).
Bolivie, rue du Colisée, 38 (1 h. à 3 h.).
Brésil, rue de Lisbonne, 47 (12 h. à 4 h.).
Bulgarie, avenue Kléber, 94.
Chili, rue Pierre Charron, 18 et 20 (2 h. à 4 h.).
Chine, avenue Hoche, 4.
Colombie, avenue Kléber, 120.
Costa-Rica, avenue Montaigne, 53.
Danemark, rue Pierre Charron, 27 (10 h. à midi).
Equateur, avenue d'Iéna, 44.
Espagne, boulevard de Courcelles, 34 et 36.
Etats-Unis, avenue Kléber, 18 (11 h. à 3 h.).
Grèce, rue St-Philippe du Roule, 7 (2 h. à 4 h.).
Guatemala, avenue Kléber, 57.
Haïti, avenue Wagram, 42.
Italie, rue de Grenelle, 73.
Japon, avenue Marceau, 75 (2 h. à 5 h.).
Mexique, rue Alf. de Vigny, 7 (3 h. à 5 h.).
Monaco, rue Lavoisier, 8.
Paraguay, avenue de l'Alma, 25.
Pays-Bas, Villa Michon, 6, (rue Boissière, 29 (de 2 h. à 4 h.).
Pérou, rue de Téhéran, 17.
Perse, place d'Iéna, 1.
Portugal, rue de Lubeck, 38 (2 h. à 4 h.).
Roumanie, rue Bizet, 25 (1 h. 1/2 à 3 h. 1/2).
Russie, rue de Grenelle, 79 (2 h. à 4 h.).
St-Siège, rue Legendre, 11 *bis* (10 h. à 12 h. ; 5 h. à 7 h.).
Serbie, rue de Freycinet, 9.
Siam, rue Pierre-Charron, 14.
Suède et Norwège, rue Bassano, 12 (1 h. à 3 h.).
Suisse, rue de Marignan, 15 *bis* (10 h. à 3 h.).
Turquie, rue de Presbourg, 10 (2 h. à 4 h.).
Uruguay, rue d'Offémont, 1 *bis* (parc Monceau).
Venezuela, rue Freycinet, 9 (2 h. à 4 h.).

CONSULATS

Allemagne, rue de Lille, 78 *bis* (1 h. à 4 h.).
Angleterre, rue du Faubourg Saint-Honoré, 39.
Argentine, avenue Kléber, 87.
Autriche-Hongrie, rue Laffitte, 21.
Bolivie, rue du général Foy, 8.
Brésil, rue de Lisbonne, 47 (1 h. à 4 h.).
Chili, rue Caumartin, 49.
Colombie, cité Rougemont, 6.
Corée, rue Lafayette, 44.
Costa-Rica, boulevard des Italiens, 5 bis.
Danemark, boulevard Haussmann, 39.
Dominicaine (République), cité d'Hauteville, 9.
Espagne, rue Ballu, 30 (12 h. à 4 h.).
Etats-Unis, avenue de l'Opéra, 36.
Ethiopie, rue Scribe, 5.
Guatemala, rue du faubourg Montmartre, 29 (2 h. à 5 h.).
Haïti, avenue d'Antin, 67.
Hawaï, rue Saint-Vincent-de-Paul, 25.
Honduras, rue Rossini, 3.
Italie, rue de Grenelle, 73 (12 h. à 4 h.).
Libéria, rue Boursault, 59 (1 h. à 3 h.).
Luxembourg, rue Saint-Lazare, 50 (1 h. à 3 h.).
Mexique, rue Bourdaloue, 5.
Monténégro, place Malesherbes, 24.
Nicaragua, rue Bouador, 3 (9 h. à 5 h.).
Orange, rue Labruyère, 3 *bis*.
Paraguay, rue Vivienne, 53.
Pays-Bas, villa Michon (rue Bassière, 29).
Pérou, rue de la Pépinière, 7.
Perse, avenue Velasquez, 2.
Portugal, rue de Berry, 35 (midi 1/2 à 3 h. 1/2).
République Dominicaine, cité d'Hauteville, 9.
Roumanie, avenue de l'Opéra, 19 (1 h. à 3 h.).
Russie, rue de Grenelle, 79.
Saint-Marin, avenue du Bois de Boulogne, 44.
Salvador, rue de Bresbourg, 7.
Serbie, rue de Freycinet, 9.
Siam, rue Pierre Charron, 14.
Sud-Africaine (rép.), faubg Montmartre, 54 (2 h. à 4 h.).
Suède et Norwège, r. d'Athènes, 14 (10 à 12 ; 2 h. à 4 h.).
Turquie, rue Léonce Reynault, 4 (1 h. à 3 h.).
Uruguay, rue d'Offemont, 1 bis.
Venezuela, rue Freycinet, 9.

THÉÂTRES

**Les prix des places des théâtres et concerts
sont ceux établis a la date du 1ᵉʳ mai.**

OPÉRA
Place de l'Opéra — 2200 places

Tarif du prix des places

	Nʳᵉ de places	Bureau	Location
Parterre..............................	1	7f.»	9f.»
Fauteuils d'orchestre	1	14 »	16 »
Fauteuils d'amphithéâtre............	1	15 »	17 »
Baignoires d'avant-scènes...........	10	15 »	17 »
Baignoires...........................	8	15 »	17 »
Baignoires...........................	5 et 6	14 »	16 »
Premières avant-scènes	10	17 »	19 »
— entre-colonnes..........	12	17 »	19 »
— loges de face.............	6	17 »	19 »
— loges de côté.............	6	15 »	17 »
Deuxièmes avant-scènes.............	8	14 »	16 »
— entre-colonnes..........	12	14 »	16 »
— loges de face...........	6	14 »	16 »
— loges de côté............	6	10 »	12 »
Troisièmes avant-scènes	10	5 »	7 »
— loges de face............	8	8 »	10 »
— entre-colonnes..........	6	8 »	10 »
— loges de côté............	6	5 »	7 »
Quatrièmes fauteuils d'amphithéâtre	1	4 »	5 »
— stalles d'amphith. de face	1	2 50	3 »
— stalles d'amphith. de côté	1	2 »	2 50
— avant-scènes............	8	2 »	3 »
— entre-colonnes.	8	3 »	5 »
— loges de côté	4	2 »	3 »
Cinquièmes loges.	4	2 »	3 »

Bureau des locations Jours de représentation, ouvert de
10 h. à 7 h. Les autres jours, ouvert de 10 h. à 6 h.

Les Dames, en cheveux, sont admises à certains rangs
des fauteuils d'orchestre. Les représentations ont lieu les
lundi, mercredi et vendredi de chaque semaine. Pour les
représentations du samedi, consulter les affiches.

OPÉRA-COMIQUE
Place Favart — 1600 places

Tarif du prix des places	Location	Bureau	Rep. pop.
Avant-scènes du rez de-chaussée .	15 f. »	10 f. »	4 f. »
— de balcon	15 »	10 »	4 »
Loges de balcon..................	12 »	10 »	4 »
Baignoires	10 »	8 »	3 50
Fauteuils de balcon (1er rang)	12 »	10 »	4 »
— — (2e et 3e rangs)	10 »	8 »	3 50
Fauteuils d'orchestre	10 »	8 »	3 50
Avant-scènes du deuxième étage..	8 »	6 »	2 »
Loges de face — ..	8 »	6 »	3 »
— côté — ..	6 »	5 »	2 »
Avant-scènes du troisième étage..	4 »	3 »	1 50
Loges du troisième étage.........	4 »	3 »	1 50
Fauteuils —	5 »	4 »	1 50
Stalles —	3 50	3 »	1 »
Stalles de parterre..............	» »	3 50	2 »
Fauteuils d'amphithéâtre	» »	2 »	» 50
Stalles —	» »	1 »	» 50

Bureau de location ouvert de 10 heures à 7 heures.

THÉATRE-FRANÇAIS
(Transféré provisoirement au Théâtre national de l'Odéon)
Pendant la reconstruction du Thédtre-Français.
Rue de Richelieu — 1400 places

Tarif du prix des places

PREMIER BUREAU	Bureau	Location
Avant-scènes des premières loges..........	10 f. »	12 f. »
Loges du rez-de-chaussée nos 1, 2, 3, 4.....	8 »	10 »
Premières loges et avant-scènes des 2mes.	8 »	10 »
Baignoires de côté	8 »	10 »
Baignoires de face....................	8 »	10 »
Loges de face (2e rang).	6 »	8 »
Loges découvertes (2e rang).............	5 »	7 »
Loges de côté (2e rang)..............	4 »	6 »
Loges de face (ferm.); 3e rang (nos 70, 80):	3 50	5 »
Fauteuils de balcon (1er rang)	10 »	12 »

THÉATRE FRANÇAIS (suite)

	Bureau		Location	
Fauteuils de balcon (2e et 3e rangs)........	8	»	10	»
Fauteuils d'orchestre.....................	8	»	10	»
Avant-scènes et loges découvertes du 3e rang	3	»	4	50
Fauteuils de la galerie des troisièmes loges (1er rang)......................	4	»	5	»
Fauteuils de la galerie des troisièmes loges (2e, 3e rangs)......................	3	»	4	»

DEUXIÈME BUREAU

Parterre.............................	2	50	»	»
Troisième galerie....................	2	»	»	»
Loges de face (4e rang)...............	2	»	3	»
Loges de côté (4e rang)...............	1	50	2	50
Amphithéâtre........................	1	»	»	»

Bureau de location ouvert de 11 heures à 6 heures.

THÉATRE-FRANÇAIS (salle provisoire)

ODÉON

Place de l'Odéon — 1467 places

Pendant la reconstruction du Théâtre-Français.

Tarif du prix des places	Bureau		Location	
Baignoires.....................	8 f.	»	10 f.	»
Avant-scènes des premières loges........	10	»	12	50
Premières loges.....................	8	»	10	»
Avant-scènes des deuxièmes loges........	8	»	10	»
Fauteuils de balcon (1er rang)...........	10	»	12	»
— — (autres rangs)........	8	»	10	»
Fauteuils d'orchestre...................	8	»	10	»
Deuxièmes loges de face...............	6	»	8	»
— — de côté..................	4	»	6	»
Fauteuils troisièmes galeries (1er rang)...	3	»	5	»
Parterre...........................	2	50	»	»
Troisièmes galeries...................	2	»	»	»
Quatrièmes galeries..................	1	»	»	»

Les enfants paient place entière.

Bureau de location ouvert de 11 heures à 6 heures.

Les Dames sont admises à toutes les places, excepté au parterre.

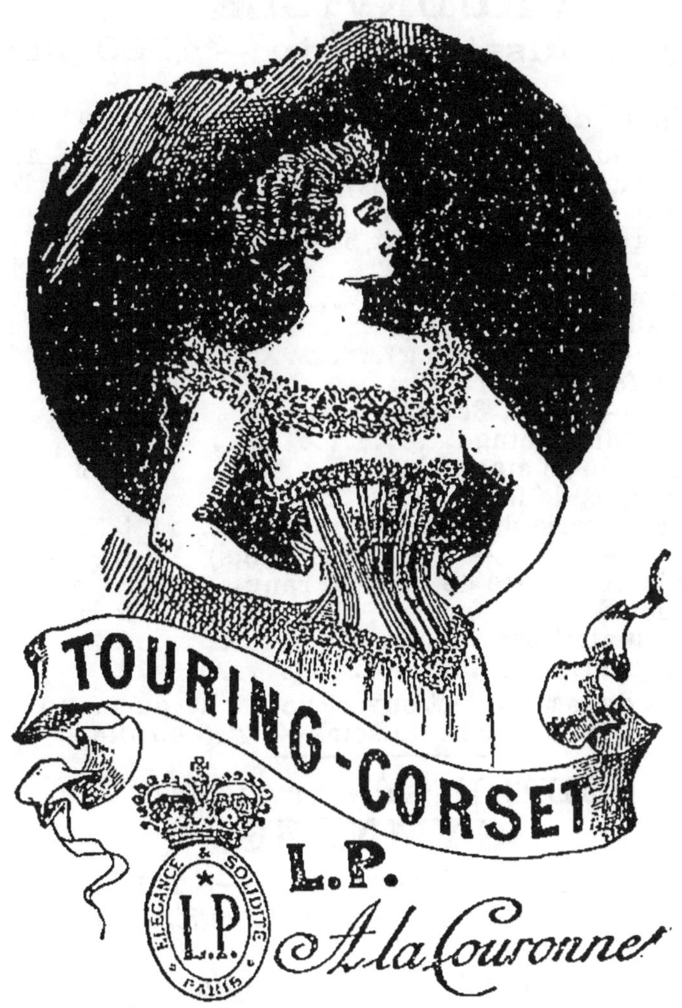
TOURING-CORSET
L.P.
A la Couronne
ÉLÉGANCE & SOLIDITÉ
L.P.
PARIS

VAUDEVILLE
Rue de la Chaussée d'Antin — 1500 places

Tarif du prix des places	Bureau	Location
Avant-scènes du rez-de-chaussée (8 places).	120 f. »	120 f. »
— de balcon (8 places)..	120 »	120 »
Loges d'entre-colonnes de balcon (8 places)	96 »	96 »
Premières loges de face et de côté 4, 5, 6 (la place)	12 »	12 »
Baignoires de face et de côté....	10 »	10 »
Fauteuils d'orchestre........	8 »	10 »
Fauteuils de balcon (1er rang)...	10 »	12 »
— — (2e rang).............	» »	10 »
Fauteuils de foyer (1er rang).............	» »	7 »
— — (2e, 3e et 4e rang).....	» »	6 »
Loges de face du 2e étage.	» »	6 »
Loges de côté du 2e étage...............	» »	5 »
Troisièmes loges de face..................	» »	4 »
Stalles de 3e galerie de face (1er rang) ...	3 »	4 »
— — — (autres rangs)	2 »	» »
Stalles de la 3e galerie de côté (2e rang)..	» »	2 »
Avant-scènes des troisièmes..............	2 »	3 »
Loges des quatrièmes....................	2 »	2 »
Quatrième galerie.....................	1 »	1 »

Le bureau de location est ouvert de 11 h. du matin à 6 h. et de 8 h. à 10 h. du soir. — *Téléphone*.

ODÉON (salle provisoire)
GYMNASE
Boulev. Bonne-Nouvelle — 1071 places
pendant la reconstruction du Théâtre-Français

Tarif du prix des places	Bureau	Location
Avant-scènes du rez-de-chaussée...........	12 f. »	14 f. »
Avant-scènes du balcon	12 »	14 »
Loges de balcon........................	8 »	10 »
Fauteuils d'orchestre....................	6 »	8 »
Fauteuils de balcon..	6 »	8 »
Baignoires de face.....................	5 »	7 »
— de côté......................	4 »	6 »

GYMNASE (suite)

Avant-scènes foyer	2 50	3 »
Loges de foyer de côté	2 50	3 »
Loges de foyer de 3/4	3 »	4 »
Avant-scènes de la deuxième galerie......	1 »	1 50
Loges de la deuxième galerie de côté	1 »	1 50
— — — de 3/4.......	1 »	1 50
Stalles de la deuxième galerie	1 »	1 50
Stalles de troisième galerie (1er rang)	» 75	» »
— — — (2e rang)......	» 50	» »
Quatrièmes loges..........................	» 50	» »

Bureau de location ouvert de 11 heures à 6 heures.

CHATELET

Place du Chatelet — 3600 places

Tarif du prix des places

REZ-DE-CHAUSSÉE	Bureau	Location
Baignoires, 4 places......................	28 f. »	36 f. »
Fauteuils d'orchestre (1re série)...........	7 »	9 »
— — (2e série)...........	6 »	7 »
Stalles de parterre........................	3 »	4 »

PREMIER ÉTAGE		
Loges de 8 places.........................	60 »	72 »
— 6 places	45 »	54 »
Fauteuils de balcon (1er rang)............	8 »	10 »
— — (autres rangs)........	8 »	9 »

Bureau de location ouvert de 11 heures à 6 heures.
Téléphone pour la location 102-87.
Les loges sont reliées aux buffets par des appels électriques.

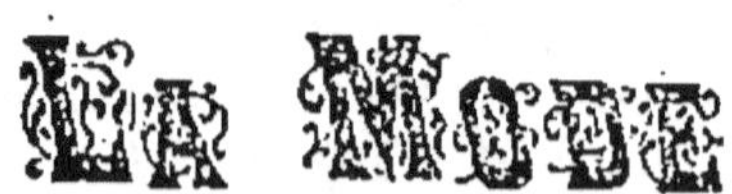

LA MODE FRANÇAISE

Grand journal de luxe
paraissant tous les dimanches
sur 16 grandes pages de beau
papier glacé

La 1re, coloriée à l'Aquarelle et
illustrée par les meilleurs artistes
de Paris, constitue le plus charmant
cadeau à offrir à une jeune fille ou
à une jeune femme.

UN NUMÉRO SPÉCIMEN DE

La Mode Française

sera expédié franco sur demande adressée à

M. ORSONI, DIRECTEUR,
3, rue de la Sablière, Paris.

LA MODE FRANÇAISE *est en
vente tous les samedis chez tous
les marchands de journaux; son
numéro ne coûte que*
25 centimes.
1 AN : Edit. simple, 22 f. ; de luxe. 30 f.

*De nombreux concours avec
prix en espèces ont lieu tous
les trimestres entre toutes les
lectrices.*

VARIÉTÉS
Boulevard Montmartre — 1250 places

Tarif du prix des places. — Location sans augmentation de prix.

PREMIER BUREAU

Avant-scènes du rez-de-chaussée et des premières (6 places)	60 f. »
Baignoires (4 places)	40 »
— (5 places)	50 »
— (6 places)	60 »
Loges de première galerie (4 et 6 places)	40-60 »
— — — (2 places)	20 »
Fauteuils de foyer de face et de côté (1er et 2e rangs)	6 »
Strapontins	4 »
Fauteuils de balcon (1er et 2e rang)	12 »
Fauteuils d'orchestre	12 »
— — strapontins	7 »

DEUXIÈME BUREAU

Avant-scènes de foyer (4 et 5 places)	20-25 »
Loges des deuxièmes (4 places)	16 »
Deuxièmes galeries (1er rang)	4 »
— — (autres rangs)	3 »
Amphithéâtre (places non numérotées)	1 »

Les enfants paient place entière.

Téléphone, 109.92. — Bureau de location ouvert à partir de 10 heures du matin.

BOUFFES-PARISIENS
Rue Monsigny — 800 places

Tableau du prix des places	Bureau	Location
Avant-scènes du rez-de-chaussée	50 f. »	60 f. »
— de balcon	50 »	60 »
Baignoires de côté	32 »	40 »
— de face	40 »	50 »
— grillées	50 »	60 »

EXPOSITION UNIVERSELLE DE 1900

V. Rigaud

Magasin : 8, rue Vivienne

Parfum et Savon **des Actrices.**

Parfum et Savon **Modern Style.**

Parfum et Savon **Sonia.**

Parfum et Savon **Louis XV.**

Extrait **Violeta Fresca.**

Extrait **Œillet de Mysore.**

Extrait **Mimosa Riviera.**

Extrait **Arco Iris.**

Extrait **Lilas blanc.**

Eau de Toilette KANANGA DU JAPON-OSAKA.

BOUFFES PARISIENS (suite)

Loges de balcon de face	40	»	50	»
— — de côté	32	»	40	»
Fauteuils d'orchestre	7	»	9	»
— de balcon	7	»	9	»
Loges 1re galerie de face, la place	4	»	5	»
— — de côté, —	3	»	4	»
Fauteuils 1re galerie (1er et 2e rang)	4	»	5	»
— — (3e rang)	3	»	4	»
Stalles 2e galerie	2	»	2	50
Amphithéâtre	1	»	1	50

Bureau de location de 10 heures à 8 heures.

OPÉRA POPULAIRE

Rue de Bondy — 1600 places

Tarif du prix des places	Bureau et Location
Avant-scènes de rez-de-chaussée	10 f.»
— de balcon	10 »
— des secondes et de théâtre	2 50
— des troisièmes	1 50
Loges de balcon, face (4, 5 et 7 places)	10 »
— — trois-quarts	8 »
— — côté	6 »
Fauteuils d'orchestre (1re série)	6 »
— — (2e série)	5 »
Fauteuils de balcon (1er rang)	7 »
— — (autres rangs)	5 »
Stalles d'orchestre	3 »
— de la 1re galerie	2 50
Stalles de la 2e galerie de face	1 50
— — de côté	» 75
Avant-scènes des quatrièmes	» 75
Amphithéâtre	» 50

Bureau de location ouvert de 11 heures à 6 heures.

GAITÉ

Place des Arts et Métiers — 2000 places

Tarif du prix des places	Bureau	Location
Avant-scènes du rez-de-chaussée...........	10 f. »	12 f. »
— de première galerie.........	10 »	12 »
— de baignoires...............	10 »	12 »
Loges de première galerie................	8 »	10 »
Fauteuils de première galerie (1er rang)...	8 »	10 »
— — — (autres rangs)	7 »	9 »
Baignoires..............................	7 »	9 »
Fauteuils d'orchestre.....................	7 »	9 »
Stalles	4 »	5 »
Avant-scènes de deuxième galerie.........	5 »	6 »
Loges de deuxième galerie	5 »	6
Fauteuils de deuxième galerie.............	5 »	6 »
Stalles de deuxième galerie...............	3 »	4 »
— de troisième galerie de face.......	2 50	3 50
— — — de côté.......	2 »	3 »
Amphithéâtre de face.....................	1 »	» »

Les enfants paient place entière.

Téléphone 109.09. — Bureau de location ouvert de 11 heures à 6 heures et le soir de 8 heures à 9 heures. Les Dames sont admises à toutes les places.

NOUVEAUTÉS

Boulevard des Italiens — 1000 places

Tableau du prix des places	Bureau	Location
Avant-scènes du rez-de-chaussée (4 places)	50 f. »	60 f. »
Avant-scènes des premières (4 places)...	50 »	60 »
Baignoires	8 »	10 »
Fauteuils de balcon (1er rang)...........	8 »	10 »
— — (autres rangs)........	7 »	9 »
Fauteuils d'orchestre	8 »	10 »

NOUVEAUTÉS (suite)

	Bureau	Location
Premières loges..	8 »	10 »
Avant-scènes des deuxièmes...............	4 »	5 »
Deuxièmes loges...	4 »	5 »
Fauteuils de galerie (1er rang)....... . ..	5 »	6 »
— — (autres rangs)........	4 »	5 »
Stalles de la 3e galerie.....	2 »	2 50

Téléphone 102.51. — Bureau de location ouvert de 11 h. à 6 h 30.

Les loges des premières et les baignoires se louent entières.
Les dames ne sont admises à l'orchestre qu'à partir du 4e rang.

PORTE-SAINT-MARTIN

Boulevard Saint-Martin — 1500 places

Tableau du prix des places	Bureau	Location
Avant-scènes de rez-de-chaussée et de 1er étage	10 f. »	12 f. »
Baignoires...........	10 »	12 »
Loges de balcon..................	10 »	12 »
Fauteuils de 1er balcon (1er rang)........	10 »	12 »
— — (autres rangs). ..	8 »	10 »
— d'orchestre	8 »	10 »
Avant-scènes de 2e balcon...............	5 »	6 »
Loges de 2e balcon de face	5 »	6 »
— — de côté................	4 »	5 »
Fauteuils de deuxième (1er rang)........	5 »	6 »
— — (autres rangs)....	4 »	5 »
— de 3e balcon (1er rang)..	3 »	3 50
— — (2e rang)...........	2 »	1 50
Stalles de 3e balcon.......................	2 »	2 50
Stalles d'amphithéâtre (1er rang...........	1 50	1 75
— — (autres rangs)....	1 25	1 50
— — (dernier rang)....	1 »	» »

Les enfants paient place entière. Les dames sont admises à toutes les places.

Bureau de location ouvert de 11 heures à 6 heures.

PALAIS - ROYAL
Rue Montpensier — 850 places

Tableau du prix des places	Bureau	Location
Avant-scènes de première galerie.........	8 f. »	10 f.»
Fauteuils de première galerie (1er rang)..	8 »	10 »
— — — (2e et 3e rangs)	7 »	9 »
Fauteuils d'orchestre.....................	7 »	9 »
Premières loges...........................	7 »	9 »
Baignoires................................	7 »	9 »
Stalles d'orchestre.......................	5 »	6 »
Loges de deuxième galerie de face........	5 »	6 »
Fauteuils de deuxième galerie de face.....	5 »	6 »
Avant-scènes des deuxièmes...............	4 »	5 »
Fauteuils de deuxième galerie de côté.....	4 »	5 »
Loges de deuxième galerie de côté........	4 »	5 »
Avant-scènes et stalles de troisième galerie	2 50	3 »

Les enfants paient place entière. Les dames ne sont pas admises à l'orchestre.

Bureau de location ouvert de 11 heures à 6 heures.

RENAISSANCE
Boulevard Saint-Martin — 1200 places

Tarif du prix des places

Location sans augmentation de prix

Avant-scènes du rez-de-chaussée et balcon.......	12 f. »
Baignoires	9 »
Loges de balcon	8 »
Fauteuils d'orchestre............................	7 »
Fauteuils de balcon (1er et 2e rangs)............	7 »
— — (autres rangs)............	6 »
Fauteuils de première galerie (1er rang).........	4 »
— — — (autres rangs).....	3 »
Avant-scènes et loges de 1re galerie (côté).......	3 »
Loges de 1re galerie, entre-colonnes.	3 »
Avant-scènes et stalles de 2e galerie (ne se louent pas)	3 »
Stalles de 3e galerie (ne se louent pas)..........	1 »

Les Dames sont admises à toutes les places. On peut retenir les places par téléphone.

Location sans augmentation de prix.

AMBIGU - COMIQUE

Boulevard Saint-Martin — 1800 places

Tarif du prix des places	Bureau	Location
Avant-scènes du rez-de-chaussée..........	9 f.»	10 f.»
— de balcon	9 »	10 »
Baignoires grillées ou découvertes........	8 »	9 »
Premières loges grillées ou découvertes...	8 »	9 »
Fauteuils d'orchestre (les 7 premiers rangs)	7 »	8 »
— — (8e, 9e, 10e et 11e rangs)	6 »	7 »
— — (autres rangs).........	5 »	6 »
— de balcon (1er rang).............	7 »	8 »
— — (autres rangs de face) .	6 »	7 »
— — (autres rangs de côté) .	4 »	4 50
Avant-scènes de foyer........	4 »	4 50
Loges de foyer.....................	4 »	4 50
Fauteuils de foyer (1er rang)	4 »	4 50
— — (autres rangs).........	3 »	3 50
Avant-scènes de galerie	2 »	2 50
Stalles de galerie....................	2 »	2 50
Amphithéâtre	1 »	» »

Bureau de location ouvert de 11 heures à 6 heures.
Clôture annuelle. — Reouverture le 1er juillet.

THÉATRE-ANTOINE

Boulevard de Strasbourg — 1150 places

Tarif du prix des places	Bureau et Location
Stalles d'orchestre....................	2 f. 50
Fauteuils d'orchestre...................	5 »
Baignoires	6 »
Avant-scènes du rez-de-chaussée............	8 »
Fauteuils de balcon..................	4 »
Fauteuils de 1er rang	5 »
Loges de balcon....................	7 »
Loges de face.	7 »
Avant-scènes des premières..............	8 »
Stalles de 2e galerie de côté............	1 50
— — de face.............	3 »
Fauteuils de 2e galerie................	2 »
Avant-scènes des 2e..................	2 »
Stalles de 3e galerie.................	1 »
Loges de 3e galerie..................	1 »

CIRQUES

NOUVEAU CIRQUE. 251, rue Saint-Honoré (téléphone 241-84). — Exercices équestres et nautiques, Ballets, Pantomimes, Clowneries, etc. Tous les soirs à huit heures et demie. Mercredis, jeudis, dimanches et fêtes, matinées à deux heures et demie.

Prix des places.	Bureau	Location.
Loges (5 places)....................	25 fr.	31 fr. 25
Fauteuil............................	3 »	4 »
Galerie.............................	2 »	

CIRQUE PALACE. — Champs-Elysées (3.500 pl.). — De la deuxième quinzaine d'avril à fin septembre. Jeudis, dimanches et fêtes, matinées.

Prix des places.	Bureau	Location.
Loges (6 places)....................	24 fr.	30 fr.
— — le samedi............	30 »	36 »
Premières...........................	3 »	4 »
— le samedi...................	3 »	5 »
Deuxièmes...........................	1 »	

Les enfants paient demi-place en matinée pour les loges et les premières.

CIRQUE D'HIVER.—Boulevard des Filles-du-Calvaire (3.800 places). — De la première quinzaine d'octobre à mi-avril. Jeudis, dimanches et fêtes, matinées.

Prix des places.	Bureau	Location.
Loges..............................	3 fr.	4 fr.
Premières..........................	2 »	3 »
Secondes...........................	1 »	
Troisièmes.........................	» 50	

Les enfants paient place entière.

CIRQUE MÉDRANO.— 63, boulevard Rochechouart. — Exercices équestres variés. Tous les soirs à huit heures et demie. Jeudis, dimanches et fêtes, matinées à deux heures et demie.

Prix des places.	Bureau	Location.
Balcon.............................	3 fr.	4 fr.
Premières..........................	2 »	3 »
Loges.............................	1 »	
Secondes...........................	» 50	

LE COMBAT NAVAL

Boulevard Victor-Hugo — Porte des Ternes
(prés la porte Maillot)

Matinées les mardi, jeudi, samedi et dimanche à 3 heures.
Représentation le soir à 9 heures.

PRIX DES PLACES (Bureau et Location)

Loges (4 places)	20 fr.
Fauteuils (centre)..	3 »
Promenoir	3 »
Premières..	2 »
Secondes	1 »

THÉATRE COLUMBIA GÉANT

Porte Maillot

6,000 places. — 1,500 personnages sur la scène.

Matinées : mardi, jeudi, samedi et dimanche, à 3 heures
Représentation le soir à 9 heures.

Concert à grand orchestre dans les jardins de 8 à 9 heures.
Prix d'entrée : 1 franc.

PRIX DES PLACES

Loges d'orchestre (6 places)...........................	36 fr
Loges centrales (4 places).............................	20
Fauteuils réservés	5
Fauteuils d'orchestre..................................	4
Parquet	3
Parterre	2
Amphithéâtre	1

GRANDS CONCERTS

CONCERTS COLONNE

Administration : rue de Berlin, 43. Téléphone 147-98.

(Consulter l'affiche)

CONCERTS DU CONSERVATOIRE

Rue du Conservatoire, 2.

Tous les dimanches à 2 h. De Novembre à Avril.

CONCERTS LAMOUREUX

Administration : rue Moncey, 2. Téléphone 132-38.

(Consulter l'affiche)

GUIGNOLS

Agosta, rue du Pont-Louis-Philippe, 18.
Carré, rue d'Angoulême, 70.
Hans, rue de la Comète, 11.

PANORAMAS

Bastille, place Mazas.
Bataille d'Iéna, boulevard Delessert.
Diorama de Jérusalem, rue Lamarck, 18.
Terre sainte, rue Saint-Eleuthère, 3.
Voyage à Lilliput boulevard Clichy, 75.

NOTES

NOTES

NOTES

NOTES

TOILETTE ANTISEPTIQUE

SANÉDOL

LAIT DE TOILETTE ODORANT
ANTIHERPÉTIQUE
DÉSINFECTANT
CICATRISANT

Le **Sanédol** rentre dans la catégorie des « **Parfums antiseptiques** ». C'est une nouveauté hygiénique devant remplacer avec supériorité d'action les **Coaltars** et autres produits plus ou moins nauséabonds d'usage similaire.

Inoffensif pour la peau, sert en lotions contre les rougeurs ou boutons du visage, contre les démangeaisons diverses, et s'emploie

« **Pour tous les soins de la toilette du corps.** »

Prix : **1** fr. **50** *le flacon.* — **3** fr. *le 1/2 litre.*
5 fr. *le litre.*

EN VENTE AUX MAGASINS DE LA VILLE St-DENIS

Dépôt Général

Pharmacie LAVOINNE, 178, Avenue du Maine — PARIS

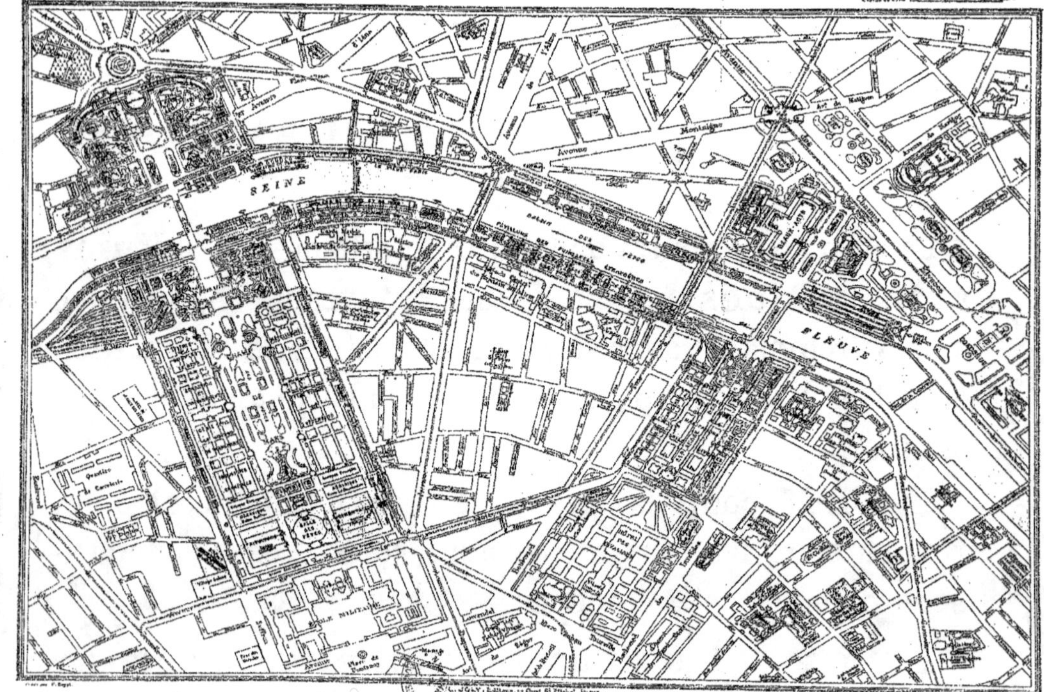

Établi spécialement pour les Grands Magasins de la Ville de Saint-Denis

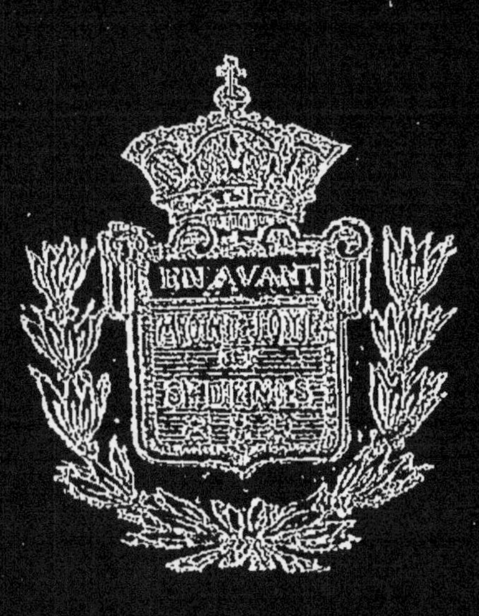
EN AVANT
SMYRNE